T0196147

Tan sólo... ideas

Tan sólo... ideas

Rafael Castro Martin

Número de Control de la Biblioteca del Congreso de EE. UU.:   2012919375
ISBN: Tapa Blanda   978-1-4633-2574-9
                   Libro Electrónico   978-1-4633-2575-6

Para realizar pedidos de este libro, contacte con:
Palibrio
1663 Liberty Drive
Suite 200
Bloomington, IN 47403
Gratis desde España al 900.866.949
Gratis desde EE. UU. al 877.407.5847
Gratis desde México al 01.800.288.2243
Desde otro país al +1.812.671.9757
Fax: 01.812.355.1576
ventas@palibrio.com
431328

Índice

Nota previa

Para leer cualquier libro suele ser de imprescindible conocimiento saber, cuando menos, qué es lo que vamos a leer o, tal vez, en esencia, de qué versa dicho libro o, cómo intentar entender lo que el autor quiso plasmar en esa obra.

Ojeándolo por encima se comprueba que, como obra que consta de un compendio de ensayos son, tan solo lo que el título sugiere, esto es, una sucesión de reflexiones con las que bien se puede divagar, dialogar o entablar debates tan extensos y ricos como paupérrimos y plúmbeos se quiera o pueda.

Es por ello idea de este autor, tan solo una idea más, que cada ocasión que se abra dicho ejemplar se lea ese artículo que sale en ese momento y sobre él se medite, piense, dialogue, debata o se realice cualquiera de las muchas formas en las que el ser humano sabe tomar consciencia de lo que es, de lo que no es y de dónde está.

¿No puede leerse sucesivamente como quien lee una novela? ¡Por supuesto¡ ya que poder se puede todo y no hay nada prohibido ante la posibilidad. Ahora bien, esto no es una novela sino un libro ensayístico y en consecuencia es deseable que los ensayos se maticen y se usen para lo que son, no para una egolatría del autor, no para una pasada rápida, fría y superficial; no para una docencia de conocimientos, sino para una percepción de aquello que en metafísica se conoce como el "yo soy", esto la, la clara luz del ser de cuya esencia todos gozamos y disfrutamos en tanto que estamos vivos.

Le deseo toda clase de venturas ya que reconozco que en según que circunstancias, hay artículos comprometidos, otros conflictivos y algunos incluso que, generan verdaderas crisis tanto mentales como espirituales, pero no obstante sigo pensando que "tan solo….ideas" es eso, ideas, nada más, ni buenas ni malas ya que la valoración no es mía sino de cada cual cuando se enfrente a la realidad del texto y finalmente a la propia realidad de cada uno.

Buena Suerte y Muchas Gracias

Amores son lecciones

Amar… Amar es la experiencia mística más grandiosa, real y al propio tiempo más divina de la que el hombre tiene consciencia en este momento y dimensión. En el amor, que no en el acto amoroso, sentimos, percibimos y somos conscientes casi de realidades inimaginables en otro estado de consciencia. Nos sentimos dichosos, pletóricos, llenos de dicha, de gracia divina, somos y percibimos esa realidad de nuestro "ser de luz". Amar, en definitiva, es sentirse más la esencia de Dios y regalárselo al mundo en un gesto de ofrenda divina con el SER más poderoso del Universo: la propia vida.

Pero, de otro lado, si amar es tan perfecto ¿por qué ha de haber rupturas? ¿Por qué se inician relaciones condenadas a un fracaso irremediable? ¿Es acaso un castigo una relación forzada? ¿O es un castigo el mismo hecho de amar? ¿Por qué a mí? ¿Por qué yo y conmigo? ¿Y ahora? O ¿Por qué no a mí? ¿No tengo derecho? Éstas ciertamente son preguntas que todos en algún momento de nuestra vida nos hemos formulado, afortunadamente más de una vez, y que nos han devuelto nuestra condición más terrena, más humana y, en consecuencia más racional. Por el contrario podemos darle la vuelta a todas ellas o a casi todas ellas.

¿Por qué a mí? Sin duda ninguna la pregunta más típica de una mente racional, humana y lejana de la esencia de lo que debería ser el propio amor en sí, ¿has pensado la dicha que encierra que te haya tocado a ti? Primero, porque tú tenías que aprender algo que sólo tú sabes qué es. Segundo, porque si no es así no hubieras sido consciente de esa capacidad que tienes para comprender ese "algo" que nadie te puede enseñar porque está en tí mismo. Así que, tal vez en lugar de ¿Por qué a mí? Había que decir ¡gracias por haberme tocado al fin a mí!

¿Por qué las rupturas? Quizás porque en ese momento no necesitabas un amante, que es lo que seguramente tu mente racional pretende;

quizás tu SER de luz eterna e infinita anda buscando un maestro que te muestre el verdadero camino que tu propia conciencia de ser de luz tiene proyectada y que de momento estás en tinieblas. Tu ser necesita un guía un Maestro y por eso, cuando ya hayas encontrado tu camino, o cuando menos hayas descubierto todas las enseñanzas que esa persona te tenía que dar, sencillamente esa persona y tú os alejareis. Analiza esa ruptura fríamente, desde la razón, ¿qué duele? ¿Las enseñanzas? ¿Todo lo que has aprendido con esa persona? ¿Todas las vivencias únicas e irrepetibles? No, rotundamente no. Duele el corazón, el alma, el sentimiento, pero el sentimiento racional, analítico y científico está pletórico de todo cuanto ha aprendido de ese SER que sacrifico su tiempo, como tú el tuyo porque los dos tuvieseis unos conocimientos mutuos de la misma realidad vivencial y vibracional. Por eso, cuando una relación se rompe, no hay que desear perjuicios, sino alabanzas, por lo que nos ha enseñado, no hay que olvidar, sino tener presente, desde el reconocimiento, no la idolatría, de aquel ser que nos mostró un camino diferente. Por fortuna toda relación es temporal, y afortunadamente, todas son formativas.

Por eso, cuando algún día veas a ese Ser de luz que tiene aquella expareja, dile gracias y abrázala, seguramente su cara, su semblante no te entenderá pero tu ser, ese ser cálido y amoroso, inocente y en continua vibración te dará un abrazó tierno como el de un niño y cálido como el de un oso y te demostrará que él también aprendió contigo.

Piensa que la vida es una escuela y Todo lo que en ella pasa una lección en evolución continua.

Buena travesía caminante

Cuando alguien se va

Es duro la partida de un amigo y más la de un ser querido... ¿cómo no va a serlo la de una madre, la de aquél ser que nos dio la posibilidad de estar vivos aquí y ahora? Pero quizás el pensamiento podía ser otro bien distinto y desde luego mucho más positivo por ejemplo...

¿Por qué no pensar que simplemente se ha ido de rebajas y se ha comprado un traje mucho más hermoso que el que portaba lleno de achaque y dolores que podemos llamar "remiendos"? Podemos pensar en nuestro cuerpo como el traje de nuestro verdadero ser, en definitiva de nuestra alma. Ese forro, con el tiempo se va deteriorando como cualquier ropa, un coche o un piso al que, por mucho que se le cuide siempre al final tiene achaques. Sería fantástico poder cambiarle la carcasa a un coche, o a un piso dejarlo nuevo y seguir viviendo en su magia, pero esa es una facultad que tan solo los hombres tenemos por ser algo especiales.

Así pues la muerte no es una muerte real, pues de la muerte nada vuelve, la muerte no es sino un disfraz que nos permite estar al lado de los seres más queridos nuestros y que éstos estén a nuestro lado, arropándonos, acunándonos, meciéndonos en definitiva en este deambular por este turbuloso mundo al que le hemos dado en llamar civilizado y desarrollado.

Necesitamos a mamá, pero no un agobio de mamá protectora y acaparadora que todo el día nos esté machacando, necesitamos una mamá como las imágenes angélicas, alguien que esté ahí a nuestro lado y siempre, en una sala de vistas, en un despacho, en una cama con nuestra pareja e incluso, por qué no, en el baño cuando nos... vamos a decir desintoxicamos de residuos, por ser fino y educado.

Por eso, cuando uno ve la muerte como un cambio de disfraz puede pensar: que persona tan excepcional que ya ha decidió que este traje le venía grande y que, para mejor ayudar a los suyos ha decidido "ascender".

Duele, es cierto, pero duele porque queremos seguir viendo lo que siempre hemos visto y no percibimos la magia y el encanto de sentir y percibir esa presencia de aquella persona o de aquel ser que está ahí y que te dice "no seas tonta, estoy aquí a tú lado, o dejas de llorar o te doy unos azotes…" esa quizás es tu madre, tu hermana, un hijo perdido, o tal vez hasta tu conciencia que te dice que hagas, sencillamente lo que debes hacer.

Sé fuerte y ánimo, que todo fluye, como decía Heráclito, y que todo está siempre presente porque nada es eterno en un único estado.

Animo

Cuando el amor se hizo amistad

Amor, sí, por qué no decir a los cuatro vientos tan maravillosa palabra

Amor, esa extraña sensación que nos invade cuando un niño nos sonríe, cuando un ser nos acaricia, cuando una persona nos muestra su ser de luz a través de un gesto, una acción una palabra… ¿o eso no es acaso amor? Seguro que sí.

Amor es una entrega total, absoluta y sin paliativos ni condicionamientos de ningún ¿a qué? ¿A quién? Ese puede ser tal vez el por qué, la razón última de que este maravilloso sentimiento nunca se aprecia en la medida que vale.

Amor no requiere Edad, condición, sexo, profesión ni posición social. Amar… amar ama todo el mundo, pero todos de diferente forma.

Ama el niño a su madre cuando lo parió y la madre al niño cuando lo engendró.

Ama la tierra al sol y el sol al universo por darle la oportunidad de ser cómo es y lo que es: Dador de vida.

Ama el hombre a la naturaleza por que le da vida y la vida le responde porque le devuelve amor.

Ama el hombre a la mujer por regalarle su existencia y la mujer al hombre por darle y demostrarle su femineidad.

Ama… ¿ama el amigo? ¿Es amor lo que tiene un amigo por otro?, Preguntemos de otra forma ¿no es una atracción, no un enganche, no un amarre, lo que dos amigos se tienen? ¿No es un enganche incondicional e incondicionado de mí para ti y viceversa? Que es un amigo… sencillamente otro ser de luz de igual frecuencia que tú, o dicho más prosaicamente, una persona igual que tú que busca en ti o que descubre en ti lo mismo que tiene él y que juntos podéis progresar porque los dos tenéis afinidades transformadas en diversiones, gustos, oportunidades y eso tiende a unir a personas. Por eso, qué bello es ver que el amor también se torna amistad, sin malicia, sin sexualidad de ninguna condición, como una relación angélica, limpia, sencilla, eso, eso es amistad, pero no una amistad de hola que tal... no. Eso es AMISTAD

Por eso, cuando un amigo te diga "te amo", piensa con la energía más limpia que tengas escondida en el último rincón de ese maravilloso ser angélico de luz divina, y piensa que te lo dice no desde la sexualidad, no desde el interés, ni tan siquiera desde el sentimiento. Cuando un amigo de verdad te diga te amo te lo dice desde el corazón, desde la fuerza más grande y poderosa que ese maravillosa ser de luz, que tú eres, tiene dentro.

¿Y qué hacer ante eso? Sencillamente, lo que tu ser de luz y de energía angélica te pedirá y que no puede ser otra cosa que maravillarte, sorprenderte incluso y al propio tiempo devolverle ese mismo mensaje desde tu propio corazón y devolvérselo sellado con un abrazo humilde y sencillo, pero cálido y fraterno, porque el amor es una energía muy poderosa que no se compra, ni se vende, ni tan siquiera se presta, sencillamente, se Da.

Por eso amigo/a, estés donde estés, hagas lo que sea, sepas que yo, desde aquí y ahora, desde esta realidad también te amo.

Un saludo amigo.

San Valentín: el valiente

¡Qué duro es enamorarse! Y al propio tiempo ¡qué divina sensación sentirse enamorado!

Es duro puesto que amar supone responsabilidad, trabajo, esfuerzo, como se esfuerza un panadero por mantener encendida la llama que le da de comer. Es sacrificado, porque representa el esfuerzo de renunciar a cosas por otras que, quizás luego salen bien o no. Es responsabilidad porque al otro, a la otra, la exiges algo que no es ni más ni menos que lo mismo que tú le das a él o ella. Amor en definitiva no es sino una entrega total y absoluta, sin abolición de ninguna clase por ninguna de las dos partes, amar es dar y recibir en el mismo acto en la misma unidad, amar es ser valiente para con uno mismo y demostrarte a ti, sencillamente a ese ser de luz que todos tenemos dentro, que ahí fuera hay otro ser que es como yo, que es, en definitiva parte de mí y que, seguramente me anda buscando.

Sin duda el santo del amor solo podía ser Valentín ¿qué otro santo hay en cuyo nombre entre o se vea reflejado la palabra "valor"?… posiblemente en ningún cristiano y en pocas de otras religiones; porque el valiente no es el que golpea más fuere, no es el más arrogante, no es el más presumido. El valiente es aquél que sabe estar ahí en el momento oportuno, que sabe dar la cara por ese otro ser incluso por uno mismo, esa es la verdadera valentía, no del amor, sino de la vida.

Por eso, ¿podemos amarnos solo entre las personas? Por supuesto rotundamente no. El amor es algo tan universal como la vida. La tierra ama el sol porque sin él no habría vida y ella le responde con todos aquellos prodigiosos logros que la vida nos brinda a cada momento. El niño ama a su madre, porque ella le dio la posibilidad de nacer –que no la vida- y él le responde con un sinfín de gestos, caricias y miradas tiernas y dulces. El árbol ama a la tierra que le da sustento y le da fuerza y ésla a cambio le da fuerza para que se quede ahí firme. El hombre ama los minerales, y les brinda su cariño y sus afectos y éstos nos lo devuelven ofreciéndonos su energía y sabiduría milenaria… Así pues, ¿quién no está enamorado? ¿hay alguien que pueda gritar sinceramente y desde lo más profundo de su ser que no ama a nada ni a nadie? Confío en que no, porque si alguien así estuviera entre nosotros, sencillamente… Pobrecillo.

Amor no es sexo, amor es la dicha divina de Dios en tú persona de transmitir la más gloriosa fuente de fuerza que hay en el universo. Amar, es decir no soy nada, porque soy parte de un todo y esa dicha te la brindo a ti, por ser tú, aquí y ahora, porque sencillamente, TE QUIERO

Enhorabuena Enamorados.

Ser guerrero

Vivir, sin ningún género de dudas es una de las múltiples profesiones más duras y sacrificadas que tenemos encomendadas a lo largo de nuestra existencia, aquí y ahora en este plano de existencia consciente y de realidad, pero ¿por qué aquí? ¿Por qué así? ¿Qué nos ha llevado a esta situación? ¿Somos realmente autores o víctimas de esta vida nuestra?

Somos, eso es seguro y que estamos aquí y ahora, de eso no cabe duda pero ¿qué somos? ¿Por qué de este modo? Hay muchos modos de ser. Los hay pasivos, pobres de espíritu, cuya máxima pretensión no es sino trabajar y vegetar el resto del día, perdiendo facultades y posibilidades de crecimiento. Los hay esclavos de su propia realidad, condenados a trabajar sin descanso con el mayor anhelo de la queja constante; pero también los hay guerreros duros y persistentes, seres cuya idea es la de persistir con sus ideales de nobleza, de luz y de vida.

El guerrero siempre tiene que luchar contra adversidades de todo tipo, contrariedades que la vida y la propia Existencia Divina nos propone, no por causarnos un daño innecesario sino para que seamos conscientes de nuestra propia realidad y aumentarnos nuestra fortaleza. Es por ello que en numerosas ocasiones nos surgen dudas, problemas como una muerte, un desamor, un suspenso de una pruebas de un empleo. No hay que desfallecer ni rendirse, el verdadero guerrero está ahí luchando contra esas adversidades demostrándose a sí mismo su propia fortaleza y convicción de que eso es lo correcto en todo momento.

Por eso, si tu camino es ser un guerrero, ánimo en tu lucha, no decaigas pues el mundo está falto de guerreros por amor, de guerreros de la verdadera VERDAD y de la justicia, desde el corazón que no desde la fuerza.

Por ello un guerrero siempre se siente solo y al propio tiempo siente la compañía de su lealtad para consigo, de su amor al prójimo desde la bendición divina de un amor puro y limpio sin indesees ni convicciones racionales, ya que el guerrero trabaja siempre desde la luz, luz de amor, de paz de verdad, con armas de bondad infinita, de caridad y misericordia hacia el prójimo. Ser guerrero desde luego es una profesión dura pero... de otra parte, dichoso aquél que ha sido designado como guerrero por que su ser, su esencia de ser de luz es pura, limpia y cristalina.

Enhorabuena guerrero y suerte.

¿Problemas? No, virtudes...

Cuántas veces se nos planean a lo largo de la vida circunstancias en las que nos cuestionamos por qué a nosotros, por qué tiene que ser de esta forma nuestra vida; qué hemos hecho para que dicha situación se de así y, lo que es peor, por qué nunca viene una cosa de este tipo sola.

Sí, es cierto, las circunstancias, sobre todo las negativas, nunca vienen solas, son siempre un cúmulo de hechos, episodios a los que se les da mayor importancia, quizás porque nos sentimos más afectados en nuestro corazón y nuestra esencia del propio ser pero ¿te has preguntado alguna vez que pasaría si le diéramos la vuelta al planteamiento? ¿Si la situación no la mirásemos desde el punto de vista negativo que seguro que puede tener? ¿Plantearlo como una posibilidad beneficiosa que... "ALGUIEN" nos ofrece..

Dicho de otra forma. Toda situación en la vida tiene dos planteamientos ¿correcto?, ahora bien, cuando una circunstancia adversa se nos presenta podemos plantearla como eso, una situación adversa, maldita, inútil y desde luego nada apetecible, eso seguro que nos puede satisfacer el Ego de aquí y ahora, la condición tan terrena y lógica como se quiera pero.... Qué pasaría si la viésemos aquí y ahora como una prueba, tal vez dura, que la propia existencia divina que todos llevamos dentro nos hace... ¿para qué? Quizás sencillamente para comprobar que estamos aquí y ahora, sí, firmes y seguros de que somos lo que somos y no lo que los demás quieren que seamos y al propio tiempo demostrarnos que, pese a todas las vicisitudes duras y amargas que la vida nos pueda plantear somos lo que la vida ha querido que seamos para ella misma, Luz, Fuerza divina en forma humana con capacidad de amar hasta el infinitivo sin miedo y con voluntad, con conciencia y desde la sinrazón, desde lo más profundo del sentimiento de nuestro cerebro no racional.

Lógicamente ello no evitará las situaciones de este tipo ya que Nuestro Ser de luz seguirá actuando sin consultar con nosotros pero de momento ya sabemos porqué de las cosas. La vida nos ha dado una condición especial de seres prodigiosos, de poderosos guerreros cuyas armas no puedes ser solo la razón y la lógica, pero cuyos argumentos deben ser el amor y la misericordia a los demás.

Enhorabuena, ya sabes qué eres, Un saludo.

Sentir...

¿Has mirado alguna vez el mundo con los ojos de otro? ¿Eres capaz de sentir como si fueras otra persona? Ciertamente resulta difícil verdad. Entonces ¿por qué nos empeñamos en buscar cosas más allá de nuestros propios límites?

Somos, eso está claro y por encima de esa condición de ser, tenemos la consciencia de estar, así pues cuando menos tenemos dos facultades divinas, ser y estar, ahora bien ¿podríamos además sentir? Es decir ¿tenemos esa facultad de percibir todo lo que nuestro SER de luz recibe del exterior hasta el punto de afirmar taxativamente que lo conocemos TODO... en verdad NO

En este mundo, tantas veces mal llamado civilizado tan sólo hay que anular un único sentido y comprobaremos qué difícil es vivir en este realidad artificial que el hombre se ha autocreado para autoengañarse. Hoy por hoy vivimos en el mundo audio, pero sobre todo visual, coge por gusto, que no por obligación y permanece tan solo un par de horas con los ojos totalmente vendados, sin percibir nada, ni tan siquiera un destello de luz que te permita descubrir si es de día o de noche ¿Qué sucede? Seguramente la primera impresión que se tiene es de miedo incluso pánico ¿por qué, sigues siendo el mismo?¿No tienes cuatro sentidos más en esta dimensión aquí y ahora, disfrútalos? No, el miedo se ha adueñado de tal forma que no hay nada, ni siquiera importa el aquí y ahora.

Somos víctimas calladas de una irrealidad que nos rodea, nos penetra y nos convence de que la realidad se percibe por nuestros ojos y de ahí todo lo demás, por eso sin vista, si tienes serenidad interior descubres que eres capaz de percibir muchas más sensaciones ocultas..., no, digamos enmascaradas por este audiovisualismo que nos inunda pero que está ahí, tan cerca de ti como estirar la mano y sin embargo tan lejos como la existencia de algo irreal.

¡Abre tus sentidos! ¡Convierte en una esponja deseosa de ser llenada de la luz de la vida que te rodea y que no has sabido conocer! ¡Ama profundamente! Con sencillez, con humildad, sin apegos ni aferrarnos a nada. Siendo sencillamente como ese niño que acaba de salir del seno de su madre, que percibe por todos los poros de su piel que está en una realidad diferente y que, al poco tiempo de nacer, después de acomodarse a esta nueva realidad sonríe, vive y disfruta de la vida.

Sentir es, sencillamente, renacer en la vida, volver a salir al mundo pero no desde el seno materno sino desde tus mismas entrañas, tú eres tú, y sólo o sola, la que tienes que romper ese propio cascarón que nos hemos ido creando en esta vida y al que hay que decirle

BASTA YA…SOY LIBRE

y descubrirás que tú eres, por encima de todo eso libertad…

Pequeños hijos, grandes Maestros

Hijos, tenerlos es sin duda la profesión más dura que todo ser humano pueda haber iniciado y de la que, una vez iniciado no es fácil salir de ella de forma airosa, alegre y jovial.

Un hijo no es otra cosa que un ser que ha venido a este mundo y que, conforme pasan el tiempo nos damos cuenta de que para esto ¡nunca se aprende bastante! y se tienen escuelas donde saber qué hacer en cada momento, en cada instante e incluso, en algunos momentos descubres que los has tenido para acordarte de lo que era aquello de dormir, descansar después de un duro día de trabajo, poder ir a cualquier sitio de fiesta, de vacaciones, no pero parte de llegar a fin de mes… Sí, decididamente tener un hijo es toda una aventura.

Un hijo, además, te va poco a poco mostrando todas aquellas virtudes, y defectos, que tú a su edad tenías y que hoy por hoy causan la misma gracia pero siempre en el plano y punto de vista de la otra persona que no coincide casi nunca con el tuyo.

Pero ¿por qué en ocasiones nos pueden nuestros hijos? ¿Perdemos reflejos? ¿Somos incapaces? ¿Es que no valemos para ser padres? ¿Acaso intentamos ser lo que no somos para no aparentar lo que en verdad somos?

Ciertamente un hijo es, en esencia, un ser que vino a este mundo, aquí y ahora, en este plano de realidad, hasta ahí no hay ningún científico que nos lo discuta pero… ¿por qué en ese momento ¿¿por qué aquí? ¿Por qué a nosotros? Y no me refiero a que razón fisiológica precisamente…

Porque, amigo mío, un hijo es mucho más que un conjunto de huesos músculos, tejidos y células en definitiva; un hijo, lo creas o no, es un Maestro que ha venido a enseñarte todo lo que tú te has empeñado en no ser, todo aquello que en otro tiempo realizabas y que ya con esa edad ¿cómo lo vas a hacer? ¿Cómo vas a ser aquél crío que hacía esto o aquello?

No, decididamente la existencia misma ha comprobado que necesitas un Maestro, un profesor, alguien que te enseñe y para ello aparece tu hijo.

Sí, es cierto, un hijo se puede afirmar que es fruto de la casualidad entre dos personas… ¿seguro? Generalmente cuando un hijo nace, hablamos de condiciones lógicas y normales, nace de una relación segura, fija y establecida donde según se dice se desea una prolongación… prolongación… más bien lo podríamos llamar afianzamiento de nosotros mismos, un hijo es alguien, es un hombrecito o una mujercita que ha venido a enseñarnos que ser niño es algo fantástico y muy positivo de lo que, lamentablemente nos arrepentimos con demasiada frecuencia… ¿Has visto cuantos niños hay enfermos? Seguro que muchos menos que adultos ¿has visto cuantos niños mueren? Seguro que muchos menos que adultos… así pues… vencer a la muerte o mejor, ganar vida es tanto como imitar a esos pequeños grandes Maestros que son nuestros hijos que han venido aquí y ahora para decirnos: mira papá –o mamá-, todo esto lo sabes hacer tú y te lo estas perdiendo por que quieres…

¡no seas tonta y vamos a jugar…!

Guarda todos los días un mínimo de quince minutos para ser tu y jugar con tus hijos a descubrir ese precioso niño olvidado que todos llevamos dentro por que tú vales eso y mucho más…

Los nuestros...

En la sinrazón de un tiempo fantasma, de ideas perdidas u pérfidas vanaglorias. En un mundo ideal e irreal de sueño, otro tiempo truncados de gloria infinita y de poder incondicional. En una ceguera total y absoluta que nos impide ver el horizonte y no nos deja ver nuestra auténtica realidad... ahí nace, sencillamente, la injusticia.

La injusticia es pensar que un niño no tiene para comer y permitirnos tirar comida a la basura; injusticia es ver que tu vecino se acuesta con el párroco de tu pueblo y no lo denuncias; injusticia es saber lo que pasa en el congo y no enterarnos que dos calles más allá de tu casa alguien pueda estar pidiendo tan solo, un plato de sopa.

¿Y la guerra? ¿Acaso no es una injusticia¿ ¿O es una tontería?, como decían unos antepasados "non solum sed etiam..." es decir, la gilipollez se multiplica por dos. Pues no solo podemos permitirnos la enorme dicha de ser injustos si no que también somos tontos de sabiéndolo admitirlo y sentirnos, yo no por desgracia para mí, afortunados de ser así.

La guerra, siempre se definió como un enfrentamiento entre dos frentes el enemigo y... y... y el nuestro ¿nuestro? ¿Quiénes son "los nuestros? ¿Es que acaso tú, miserable mortal no eres igual que otro mortal que tienes enfrente y al que le vas a segar la vida si tienes ocasión? ¿Es que acaso tú no eres tan del mundo como el que tienes enfrente? Así pues, dicho eso, surge una pregunta grave ¿quienes son los nuestros? ¿los buenos o los malos? Sin duda los buenos pero de otra parte ¿Quiénes son los buenos? Lógicamente nosotros; esto es, tenemos derecho a aniquilar a todo aquello que no es igual a nosotros ya que, en consecuencia lo contrario no se considera humano ni de nuestra igual condición por lo cual es perfectamente aniquilable...

Lo nuestro... e incluso aun peor, los nuestros... como si fuéramos tan poderosos y tan superiores a los demás que tuviésemos la condición de repudiarlos porque no opinan como nosotros… y luego a esto le llamamos democracia que otros antepasados lo traducían o entendían como el poder del pueblo… no sé, casi entiendo a mi amigo Groucho cuando dijo aquello de "paren el mundo que me bajo" hoy seguramente, esté donde esté no se bajaría, se tiraría porque esto no esta loco esto ya da asco.

Comunión es estar "con unión"

Decidió hacer la primera comunión…¿has pensado en un momento lo importante que te vas a hacer? ¿Sabes con esto lo que conseguirás?

Déjame que te cuente un poquito algo interesante que quizás no te han contado…

La comunión, eso tan importante que celebras en un día tan señalado no es importante solo porque hay unos regalos estupendos, un banquete fenomenal y un vestido precioso, no. Y casi tampoco es importante por toda la ceremonia que rodea a tan maravilloso acto. Lo importante, lo que es realmente la esencia misma de la vida, es que Dios ha decidido que compartas con Él una misión en este mundo, porque claro, Dios es tan grande, tan poderoso que hay muchos, muchísimos humanos que son incapaces de verlo y por eso Dios un día decidió hacerse hombre, para que todos los humanos consiguieran ver que dentro de ellos mismos también hay un poquito de ese Dios tan grande y poderoso como bueno y amoroso.

Hoy tú tomas tu comunión y en ese momento, cuando el pan y el vino se conviertan, una vez más en ese ser humano que quiso ser Dios, estarás "con unión" a Dios ¿para qué? ¡Cómo que para qué! Sencillo, para que tú descubras que en ti Dios también está y que tú esencia más profunda es esa esencia de Dios, esa fuente inagotable de Amor que todos tenemos dentro y que algunos no quieren admitir que las tienen.

Hoy has decidido ser "AYUDANTE OFICIAL DE DIOS" y eso se merece un premio, el premio que todos tus familiares y toda la iglesia te brindan porque ser ayudante de Dios supone demostrarles a todo el mundo que tú tienes esencia de amor y de ayuda a todos y que cada uno tiene esa misma esencia, así que si la unimos podemos crear una cadena, pero no para esclavizarnos, sino para amarnos todos y ayudar a que este mundo sea cada día un poco más lindo.

Señorita AYUDANTE DE DIOS, gracias, gracias porque si todos los seres humanos del mundo tuvieran claro ese compromiso, hoy no habría guerras, no habría muertes injustas, no habría… nada de todo lo feo y desagradable que en el mundo sucede.

Ojalá llegue un día en que todos seamos conscientes de que debemos ser eso, AYUDANTES DE DIOS

Enhorabuena ayudante por tu decisión y bienvenida.

¿Y cuando no queda nada?

¿Cuántas veces vivimos atropellados en una sociedad que no sabemos si nos entiende o no porque apenas si tenemos tiempo ni de respirar? ¿Cuántas veces nos podemos permitir ese extraordinario lujo de darnos cuenta que, sencillamente estamos vivos? ¿Has percibido alguna vez la felicidad? ¿O es que simplemente no sabes lo que buscas y estás en una búsqueda de... de la nada? Ciertamente eso es terrible pero, lamentablemente tan real como la propia vida en que no encontramos.

Vivimos sumidos en un torbellino de velocidades indescriptibles; somos capaces de asustarnos cuando pensamos que el planeta en el que nos encontramos se mueve a velocidades superiores a los 4000 kilómetros por hora... pero ¿y qué velocidad llevas tú? ¿A qué ritmo vas? ¿Es eso lo que tu cuerpo pide? Seguramente no porque si lo fuera no tendrías luego estrés ansiedad, angustia y depresión...

¿Te deprimes? Sí, seguro que sí pero ¿por qué? ¿Acaso no tienes dinero, salud, o amor? ¿Eres de esas personas que lo tienes todo y sin embargo... no tienes nada? ¿Es posible eso? Sin duda amigo o amiga. Es tan cierto que una inmensa mayoría de los suicidios que acontecen son de gente que tiene todo, buen trabajo, buena familia, buena salud y sin embargo falta algo ¿qué?

Cuando la felicidad se busca fuera de uno mismo solo se encuentra soledad y angustia, porque ¿qué comida puedes hacer con todo en la cocina y nada en el cazuela? ¿Qué puedes ofrecer a tus amigos, a tu familia y a ti misma? Nada tan solo hambre, hambre de espíritu eso sí

¿Y cuando no queda nada? ¿Cuándo crees haber agotado todos tus recursos, todos los cartuchos de la recámara y no tienes sencillamente... nada? Amigo, o amiga, en ese momento estás de enhorabuena, sí, ríete, es el mejor momento porque, aunque sea un tópico, cuando se cierran todas las puertas siempre se abre una ventana, cuando creas que estas muerta en vida, en ese mismo instante acabas de descubrir la grandeza que hay en ti mismo y que nunca has querido descubrir por eso te asustas. Tu miedo es porque sabes, ahora sí lo sabes que eres alguien grande y poderoso para ti mismo pero te das cuenta que todo el tiempo pasado ha sido tiempo que has usado para darte cuenta hoy pero qué no lo has aprovechado en beneficio de ese ser tan maravilloso que tú eres. Todo está bien, todo es correcto y posiblemente en ese estadio necesitabas ese pequeño paréntesis para que hoy, aquí, quizás en este momento lo grites, pero no hacia fuera, a los demás no les importa, ni tiene por qué importarles, sino para ti, por que tú eres grande, repítelo y no te canses de hacerlo: tú eres grande…

No es Vanidad, porque la vanidad requiere que los demás te alaben y tú esperas de ellos esa alabanza, es mucho más que eso, es una alabanza tuya para contigo mismo desde un respeto total y absoluto y con un equilibrio y una armonía de tu entorno… Sí, seguro que te verán raro o rara porque sencillamente ahora eres tú, sin caretas de falsas marcas, de perfumes caros o de ropa de chanel… no, ahora eres tú, como eres, sencillamente grandioso.

Ahora, sal a la calle, hoy puede que descubras que no tienes nada, pero que tenerlo tampoco te sirve de mucho. Somos como los niños y los niños como más cómodos van es desnudos, así pues quitémonos viejos corsés, viejas mascaradas y viejos prejuicios y seamos limpios de espíritu y honestos con nosotros mismos, desnudémonos nosotros con nosotros en ese dúo tú y tú ser interior y aprende que la maravilla de la vida está siempre en tu interior.

Enhorabuena por estar algo más en ti

Maten a "ese" dios...

Resulta chocante que todos los que afirman y manifiestan ser seguidores de un "Dios", llámesele como se quiera siempre imploran ayuda consejo y mil circunstancia a ese ser extraño todo poderoso que resulta ser algo externo a nosotros y que, en definitiva, no acaba de ser un "quitaproblemas" donde nosotros no nos involucramos en nada... sí, ciertamente ese es un Dios Sublime" pero, quizás esa condición le hace también ser frágil y ser muy vulnerable. Entonces ¿dónde radica el fallo? ¿Dónde está ese Dios que todos invocan una y otra vez y que no hace nunca "nada" de lo que se le pide? Ahí, justamente donde cada uno lo quiso en su día poner, justamente puesto en un pedestal del que difícilmente se puede mover sino es para ser tirado abajo cuando nos interesa.

No, no intento insinuar que Dios no existe o que como decía Nietzche "Dios ha muerto, yo lo he matado" ¿o tal vez sí? Tal vez ese Dios que nuestro amigo vitalista mató, es el que deberíamos matar. Porque en definitiva, esa deidad no deja de ser una idolatría y las figuras idolatradas están vacías. Ese Dios, sí por favor, Maten a ese Dios vacío que hemos inventado, maten a esas figuras, rompan esos becerros de oro nuevamente y fíjense... en ninguna parte, tan sólo fíjense dentro de cada uno, en su corazón, en su amor al prójimo, en ese amor incondicional e incondicionado, amar por amar, porque sí es algo que no desgasta, que no cuesta y que siempre sienta bien.

Cuando aprendamos que quien nos tiene que echar una mano somos nosotros mismos, ese día, ese día cuenta amigo mío que el mundo irá mejor. Sí vale, luego si queremos a ese amor infinito le podemos poner una forma corpórea, ponerlo de abuelito sentado encima de una nube o lo que queramos, pero sepamos que la esencia de ese abuelito está en todos nosotros y no es algo ajeno a nuestra propia realidad, que en el fondo somos esencia de amor o si se prefiere, para no sonar tan cursi esencia Divina.

Por eso, si yo fuera o si tuviera la dicha de ser Dios por un instante ¿qué haría? Sencillo, meternos en nuestro cerebro un poco más de consciencia de nuestra realidad divina, en definitiva de nuestra esencia de amor y quitar todo materialismo inútil que no sirve más que para perturbar nuestra paz interior, eliminar dinero, armas, vicios… y sencillamente enseñarnos a vivir un poco más humanamente.

Vaya a todas las deidades de la tierra mi más profundo respeto desde el amor y la compasión y a las deidades idolatras mi más profunda repulsa puesto que, si bien todo es válido, no todo creo que sea útil aunque sea necesario.

De profesión... jugador

Jugar, ese desenfadado término que con los niños nos hace saltar una mueca o una sonrisa incluso y que en los adultos siempre nos degenera en una preocupación insólita, en un cúmulo de avaricia desmedida en una ambición por tener aquello que, en definitiva muchas veces no nos corresponde.

Jugar significa, lejos de lo que la gente se piensa, parodiar la seriedad inexistente de una realidad ficticia, es imaginar como es un mundo sin arquetipos, sin etiquetas, sin idealismos lógicos, sin binomios bueno malo, bien mal, si no, lleno vacío... es pensar más allá del no pensamiento es, sencillamente disfrutar la condición de ser lo que somos fuera de nuestra propia razón, sencillamente, seres de luz y de energía divina, en esencia, vida.

Jugar pues, supone inhibiese, no dejarse, tan solo olvidar tu condición racional, tu cúmulo de pensamientos y recrearte de alguna forma en todo lo que te rodea en ese momento, solo eso, sin pensar por qué hacerlo o dejar de hacerlo, sencillamente haciéndolo para, tan sólo, estar a gusto con ese ser al que tanto debemos amar, a ti mismo.

¿Y el trabajo? ¿Acaso es una forma de juego? Lamentablemente no se considera ésto de esta forma, sino como una única forma de obtención de algo tan material como vacío: dinero. El trabajo no nos proporciona placer porque se lo hemos negado ya que, en definitiva, de igual manera que a un niño lo vemos trabajando, perdón, quiero decir jugando y no nos parece extraño, ni lo vemos con cara de pena ni nostalgia de otro tiempo, tal vez de otra vida incluso, el adulto debe seguir con esa trayectoria, con ese duro trabajo que es jugar, con ese duro juego que debe ser el trabajo.

No es quitarle importancia al trabajo, antes al contrario, es ensalzarlo en la medida que lo vale y que lo tiene, no como una carga sino como un recrecimiento personal, como una recreación que nos estimula a seguir ahí, en ese mundo, en esa dimensión tan real como tú y que sencillamente está aquí y ahora, para que tú percibas que la vida no es que haya que tomársela en serio, es que esa seriedad, sencillamente no es real, está tan prefabricada como todo lo que nos hemos creado.

Por ello, si trabajas jugando, si juegas trabajando, si descubres esta gran faceta tan olvidada de cuando éramos niños, descubrirás que el mundo no es tan serio, tan tormentoso, tan duro, que trabajar solo corresponde a un trocito mínimo de tu tiempo en el que te obligas eso sí a ser feliz con tu juego que tú te has buscado ¿por qué ese y no otro? Eso tal vez es tema de otra discusión pero en cualquier caso siente que ese es un juego que siempre tiene un lado alegre, divertido, creativo y formativo y que desde ahí puedes seguir jugando como un niño juego con sus construcciones y se enfada si se rompen, o juega a la comba y se enfada cuando se tropieza nosotros también nos enfadamos a veces en el trabajo, pero debe ser porque se acaba, porque no podemos seguir en el o por circunstancias similares

Si en lugar de trabajadores nos consideraremos "jugadores"… seguro que el mundo sería más fluido en esa relación de cada día y la vida, ese flujo de armonía que rige el universo poblaría toda la humanidad.

Navidad es novedad

¿Has visto alguna vez la cara oculta de la Navidad? Es decir ¿tienes consciencia de lo que es Navidad fuera de las comidas, banquetes y la compra impulsiva de regalos?

Navidad es mucho más que una fiesta social donde cada uno finge, o no, situaciones en las que nunca quieres ser lo que eres, o sigues siendo lo que nunca fuiste. Por un instante, cuestiónate qué sería de la Navidad sin regalos, sin banquetes, sin toda una semana de intensa locura frenética de compras y gasto indiscriminado donde la que más asustada está es tu tarjeta de crédito y tu cuenta corriente ¿qué queda? Si tu respuesta es sencillamente nada permíteme que te explique algo.

Navidad es sencillamente la Novedad es algo que acontece en breve, curiosamente siete días después del 24 de diciembre, el inicio de una nueva vida dentro de tu propio ser o dicho de otro modo, cada 1 de enero la vida te da la enorme posibilidad de volver a nacer, esto es, de que todos aquellos principios que cada año nos creamos para nuestro crecimiento personal se hagan de nuevo realidad. Para ello es necesario, casi indispensable, que seas consciente de que un período de 365 llega a su fin y con él todo un ciclo a lo largo de tu vida.

Ese es el otro lado de la Navidad la novedad de algo grandioso porque cada año "renacemos" cual ave fénix de nuestras propias cenizas que no son sino los recuerdos y a partir de ellos volver a retomar las riendas de nuestra vida en pro de un futuro mejor; porque somos personas de carne y hueso sí, eso está claro pero ¿y dentro de ese traje, de esa armadura? ¿Acaso no hay un ser de luz, un ser divino de amor y dicha deseando salir a gritos y que en esas fechas grita cada vez con más fuerza? Seguro que si, hay quien le llama niño interior, hay quien tan solo le llama espíritu o incluso alma ¡qué importa el nombre que se le dé! Lo cierto es que en estas fechas es ese niño interior nuestro el que quiere volver a ser libre y somos nosotros los que tenemos la oportunidad de dejarle salir.

Por eso en ese momento de gloria que es la Navidad podemos repasar nuestro estado y seguir en esa línea o cambiar ahora que aún estás a tiempo, porque siempre se está a tiempo de un cambio positivo ya que nuestro cuerpo, ese traje temporal sigue pero nuestro SER también con él incluso después de cambiar el traje.

De todo ello se explica por qué los niños son los verdaderos protagonistas de la Navidad, porque ellos no tienen que sacar su niño interior, ya está fuera y hay que procurar sencillamente que NUNCA lo internen en una cárcel de represiones y amarguras, sino que evolucionen con él para que cada día este mundo sea más amoroso, armonioso y pacífico y así, de esta singular forma lleguemos a un estado en el que nos encontremos en paz con nosotros y plenos de luz y vida.

Así pues, si todo esto que te cuento ahora ya lo has vivido enhorabuena pues en verdad sois un SER privilegiado. Si no has llegado a esa situación ve tranquilo ya que sabes ahora, que la Navidad sencillamente es la dicha de una Novedad que nos acontecerá prontamente y que en ella tenemos la dicha de arreglar lo que en otro tiempo no nos atrevimos o no pudimos, Ahora es el momento de reivindicar desde tu ser interno desde tu niño Todo aquello que no has hecho, sido o dicho siempre en una línea de amor y armonía que debe reinar en el universo.

Con lo manifestado sencillamente solo queda por decir dos palabras

Feliz Navidad

O si se prefiere

Feliz Novedad

¿Eres o estas...?

Esto tan solo pretende ser un barómetro de tu estado de consciencia y, al propio tiempo, el grado de sensibilidad espiritual con el que tú diariamente te mueves en la vida. No se pretende sino sencillamente que seas consciente, por un instante, de esa otra realidad que tú tienes y en qué estado la tienes.

Para ello tan solo se te pide que leas el texto siguiente de una forma tranquila como si leyeras cualquier otra cosa como si fuera un texto más de cada día, rutina, en definitiva. Al final te preguntaré algo que tal vez hayas intentado leer antes porque tu impaciencia te lleva a ello y que no está mal pero que sin esta advertencia previa carece de todo sentido. ¿Recomendaciones? Una muy simple que habrás oído y leído hasta la saciedad: sé tú mismo o tú misma.

¿Somos...?

Somos ¡sin duda ¡ ¿o no?, A veces dudamos si estamos siendo o siendo no estamos porque lo que sí está claro es que cuanto más se es menos se está y hoy por hoy lo importante no es ser sino estar, ya que si eres y no estas... muerto te encuentras; en cambio, si estas y no eres... tal vez tu sensación sea diferente porque siendo no estuviste en otro tiempo y ahora consigues ser lo que eres porque sencillamente su preocupación máxima es la de estar y estando no se preocupa uno porque dicha acción es propia del ser y ese ser no lo puedes confundir con tu SER que sólo quiere estar porque él sí quiere estar y eres tú quien quieres ser, así que decide si estas siendo o eres estando pero recuerda que si estas no eres y que es mejor estar que ser o no estar y no ser... difícil elección... ¿o no?

Respuestas posibles:

- ¡Vaya estupidez...¡ Cierto, porque desde la razón tiene la forma de un koan y éstos racionalmente no tiene sentido lo cual indica o lleva a concluir que tienes una consciencia muy de estar y de poco ser, o lo que es lo mismo, eres persona muy racional y poco espiritual

- ¿Qué? ¿Cómo...? es una respuesta de una persona que anda al 50% entre la espiritualidad y el raciocinio del ser. En consecuencia, tienes dudas pero sí que entiendes lo que ahí está escrito, únicamente te falta tomar confianza en afianzar dónde estás, pero podemos decir que "vamos por buen camino"

- ¡Ah, bueno¡, bien vale, esto es algo que ya... bueno y que... Ciertamente la espiritualidad te inunda y por ello lo de estar te resbala y el estar es una situación tan natural a tu propio ser que para qué vas a darle más vueltas, una vez leído ya está punto, no merece la pena pensar algo que hay que sentir o pensar en propia vida... Enhorabuena, ojalá todos nuestros dirigentes pensasen como tú y el mundo iría más en armonía con la propia naturaleza del ser humano que no es la que llevamos lamentablemente.

Aclaración:

Pese a todo lo anteriormente dicho, esto tan solo es una idea que no tiene por qué ser la mejor y tampoco la más mala, solo es una idea de trabajo, no para mí ni para nadie, sino cada uno para sí mismo, por ello si no te convence, si crees que es una estupidez y que no merecía la pena perder tu preciado tiempo en chorradas de este tipo tal vez tengas razón y por ello debes buscar otras cosas, gracias por tú tiempo y perdón si lo has considerado innecesario, yo lo hice con todo mi tiempo, mi ser y mi amor para ti y a ti tal vez no te gustó, son cosas que pasan cuando se está… o no se está o no se es o se es, tampoco importa mucho pues uno es lo que es y está donde quiere estar.

¿Qué es la felicidad?

A lo largo de toda la vida del ser humano se ha intentado definir cosas tan poco definibles como la esencia misma del propio ser, la idiosincrasia, el cómo somos y cómo actuamos. Dentro de todas las definiciones acerca del. Qué, para qué o de qué forma, surgen términos como paz, amor, dicha, ventura y felicidad. Sin duda de todos tal vez el último, y sus sinónimos, sea el más complejo de definir y por ello quizás todas las definiciones hasta la fecha emitidas no son sino pequeños subapartados de una definición global que empezaría con aquél encabezado de "felicidad es...".

Ciertamente se ha hablado mucho de lo que es ser feliz y de lo que no lo es, de lo que supone la infelicidad y aquellos que la padecen o la sufren; Cómo es posible ver a alguien que lo tiene todo infeliz y sin embargo, ver a un niño en una chabola en Sao Paolo con una sonrisa de felicidad cuando se le ofrece un trozo de sucedáneo de chocolate...

Felicidad, es un término, una palabra que recoge una sensación, un estado anímico que a mayor desarrollo está más en decadencia quizás porque a más materia menos espíritu y es claro que la felicidad no está o no se encuentra por ser más precisos dentro de todos los objetos que cotidianamente nos ofrece la sociedad consumista de mercado en una sociedad a la que, graciosamente le hemos dado en llamar civilizada y, más cómico aún, desarrollada.

Así pues es claro, el materialismo no da la felicidad, luego en consecuencia la felicidad no es algo material que pueda ser envasado, pesado, medido o valorado si quiera- De hecho en psicología hay un tipo de depresión que es aquella que padecen los que todo lo tienen, podía decirse que es el conformismo del cuerpo frente al inconformismo del espíritu.

De otro lado, alimentar solo el espíritu no nos hace ser más felices ya que si bien nos resta importancia e interés al materialismo lo cierto es que vivir siempre en una idea espiritual nos puede hacer crear idealidades idolatradas que, en definitiva nos llevaría al mismo materialismo pero desde una forma más intimista.

Siendo que no es valorable, medible ni cuantificable, y siendo que tampoco es espiritualmente perceptible veamos qué tienen en común las personas que se les ve felices; es claro que las personas, o personitas si se quiere, que en mayor número se les ve cara de felicidad, son los niños. Así pues, ¿qué tiene un niño que no tenga un adulto para ser feliz? ¿Perdemos algo cuando nos hacemos adultos? ¿Se tiene mejores condiciones para ser candidato a ser feliz cuando se manifiesta uno como un niño? Baste recordar que el propio Jesús manifiesta que el Reino de Dios será para aquellos que sean tan inocentes como un niño, luego algo hay de cierto en todo esto.

De otra parte, no sólo los niños son felices, hay muchas personas en occidente y en oriente que se les ve felices o con felicidad… ¿dónde podemos ver eso? ¿Hay algún rasgo que caracterice todo este entramado religioso místico? Obviamente en los rostros que dicen ser el espejo del alma hay dos puntos muy claros que denotan la felicidad de la persona: los ojos y la sonrisa, puedes fingir la sonrisa es cierto pero la mirada… eso es mucho más complejo y al final siempre se cae en el estado real de la persona. ¿Quién tiene mirada feliz y sonrisa plena? Aparte de los niños personas de una grandísima humanidad V.B. Madre Teresa de Calcuta, Dalai Lama… personas que se les he reconocido por su grandiosa humanidad y amor a los demás y que, desde una postura totalmente desinteresada se les ve ofrecer lo que tienen: la dicha de ser felices.

En consecuencia, tal vez ser felices no es estar siempre sonriendo, ni tener todo cuanto nuestro cerebro será capaz de desear, sino al revés, se trata de ser consciente de nuestra propia realidad tal cual la tenemos en cada momento y disfrutar de lo que en ella hay ahí en ese instante, en esa breve fracción de tiempo que es el presente. Por supuesto no hay que confundir el conformarse con lo que cada cual tiene; con la dejadez; No es decir "esto hay y ya está" porque el presente sigue corriendo, y lo que era presente ya es pasado y el futuro hay que ir poco a poco haciéndolo futuro, desde la calma de saber que en cada ida hay algo nuevo que hemos llegado a ello desde el pasado y sencillamente disfrutar de cada instante.

Felicidad pues no es controlar nada porque todo control es represivo y el espíritu, ese ser de luz que todos tenemos dentro es libre por encima de todo y de todos así que déjalo vivir...

Una gran Maestra me dijo una vez que "la felicidad es elegir tus propias cadenas" tal vez sea eso pero entendiendo cadenas no como algo represivo y que nos controla y marca sino siendo consciente en todo momento de la realidad que hay, sea como sea y mirar siempre el lado positivo de todo cuanto nos rodea, incluso de lo más peyorativo que nos puede venir encima: estafas, crisis sentimentales, muerte de un ser querido, un hijos que nos abandona... no es decir dá igual, no, es decir "esto es así porque..." y asume tu parte de responsabilidad y a partir de ahí sigue viviendo ya que pase lo que pase sigues vivo por encima de todo.

Así pues, solo queda cuestionarse no porque somos infelices, sino por qué no somos felices ¿hay alguna razón? Sed felices

Ciudades civilizadas: "Ciudades asesinadas"

Hubo un tiempo en que los hombres decidieron vivir acorde con su tiempo, en perfecto equilibrio y armonía con el sistema vital del planeta.

Hubo un momento en el que la muerte no era un enemigo sino un capítulo más de la vida, que el día y la noche no eran opuestos sino complementarios y donde todos vivían en paz y amor.

Poco a poco el ser, irónicamente autoproclamado civilizado, se fue alejando de la verdadera esencia de su ser "natural", racional sí pero no "Ego"-céntrico... y decidió que tal vez vivir según su propio yo, era un signo de superioridad a la que, para justificarla le llamo divina.

Todo ello trajo como consecuencia uniones de personas en masa cada vez más grandes, y así dejaron de existir los poblados, los pueblos y nacieron las "Grandes metrópolis" donde hoy en día es difícil encontrar un árbol sano, donde las calles nunca sabemos cuando tuvieron la oportunidad de estar sin ese forro de petróleo al que llamamos alquitrán y cemento. Urbes donde cada problema no lo solucionamos desde la raíz, sino que lo enmascaramos tapando indicativos de que el problema está ahí y lejos de eliminarlo lo enriquecemos cada vez más.

Cuando todo eso llega a límites insospechados de auto-yo, es cuando decidimos que ni siquiera los gérmenes son los aliados de un sistema defensivo como el del cuerpo humano y van naciendo las enfermedades, en una lucha sin cuartel por demostrarnos día a día que seguimos siendo seres humanos y que tanta "esterilización" resulta incluso dañina para la propia vida...

¿Han pensado en grandes ciudades? Nueva York, Chicago, Roma, Madrid, Barcelona, Tokio... ciudades donde los niños pintan un pollo asado dentro de una nevera, donde respirar aire fresco es una utopía que un día tuvimos, donde vivir pasa a ser "sobre"-vivir- en esa jungla de cemento y hormigón, en la que se dice está la "sociedad del bienestar" a base de llenarnos el bolsillo de dinero y el cuerpo de ego.

¿Y el SER? Esa maravillosa esencia casi divina que es tu existencia misma. Esa naturaleza propia de cada cual al margen de egos y fines materiales externos a nosotros mismos. ¿Dónde ha ido a parar? Seguramente dentro de un armario y por eso se nos ve ansiosos, deprimidos, inquietos e incluso con tendencias complejas de cualquier tipo de adicciones físicas o psicológicas… En definitiva, nos empeñamos en buscar donde se nos ha dicho que está: fuera de nosotros… sencillamente, no. Buscar nuestra propia naturaleza para encontrarnos armoniosamente con nosotros es algo que no se puede conseguir buceando en viajes perdidos, en "titulaciones academicistas arcaicas" basadas únicamente en la acumulación de datos y datos y datos.. no, encontrar la clara luz de tú ser consiste sencillamente en mirar hacia tú interior a lo más profundo de tu interior y tal vez en ese punto descubrirás que hermoso ser hay dentro de ti y que te lo estás perdiendo por cuestiones totalmente intrascendentes y carentes de riqueza…

No es malo, el cine, la civilización, el desarrollo tecnológico, los avances científicos… no; no es malo si se usa desde el corazón y desde una clave de ayuda global no solo a la humanidad sino a todo el SER en conjunto desde una postura de armonía y respeto a todo el entorno… Esa es una buena forma y lo demás.. ¡qué importa¡ tal vez ese día llegue y descubramos que vivir en armonía es vivir de verdad, en paz con el universo.

Tiempo: con "T" de tontería

Has pensado en realidad qué es el tiempo? ¿Existiría el tiempo si la humanidad no estuviese aquí y ahora?. E incluso Qué sería aquí y ahora si no hubiese humanidad?

Es cierto que ambos términos, aquí y ahora, no son sino una forma constreñida de tiempo que nos hemos autocreado para manifestar una pseudo-realidad con la cual creemos estar siendo dominadores de la realidad que nos engloba. Ahora bien, dicha realidad, esa imagen que cerebralmente tenemos cogida, muy bien fijada en nuestro patrón de conducta social, comienza a hacer aguas en cuanto empezamos a trabajar la parte más espiritual de la persona; esa parte en la que, el tiempo deja de tener importancia y donde nuestra estructura cerebral empieza a encontrarse inquieta, seguramente por una patente falta de control.

Es en ese momento, ni antes ni después cuando empezamos a pensar ¿cuánto tiempo nos llevará esto? ¿En cuanto tiempo se puede llegar a la iluminación? ¿A trascender el dolor? ¿A hacer una forma de tai chi perfecta? ¿o una práctica de za zen ideal?... Quizás en ese momento la respuesta más correcta sea ¿qué es lo que te importa realmente? ¿El tiempo en hacerlo bien o en tenerlo bajo tú control? Es claro que controlar una situación es fácil, puede llevar un tiempo pero trascender realmente... tal vez toda la vida ya que lo primero no es el control de la situación sino descontrolar lo que siempre se controla, esto es, la parte más racional del ser humano.

Ahí, sin duda en ese punto nacen las dudas los embustes, los autoengaños, las falsedades y empezamos a ver que tal vez el tiempo, esa unidad de medida con la que todos estamos tan cómodos en una sociedad tan llena de falso bienestar, comienza a hacer aguas... Es el instante mágico en el que sencillamente descubres que la humanidad ha creado algo irreal, algo fantaseado, que no fantástico, que no sirve sino para que TODO y TODOS estemos supeditados a esa unidad de medida: el tiempo.

¿Y por qué el tiempo? ¿Por qué es imprescindible que la vida tuviera comienzo un día? ¿O por qué tiene que tener un final? Porque está escrito, es cierto… mas quien lo ha escrito… ¿no tenía tiempo? ¿No estaba sumido en ese control descontrolado, o falsamente pseudocontrolado? Se puede manifestar con todo respeto, que Él está desde siempre… ¿qué es siempre? Acaso siempre está fuera del tiempo… no, entonces también hemos sumido a Dios dentro del tiempo, no seguramente no… así pues llegamos al absurdo de que, en esencia el tiempo no es real, no existe y si no existe… ¿por qué darle la importancia que no se merece…? ¿Por el dinero que nos cuesta…? Eso no mejora la situación la hace todavía más ruin si cabe…

Piénsalo detenidamente, o mejor, siéntelo, intenta vivirlo sin tiempo, sin prisa y tal vez en ese estado de plenitud, descubrirás que el hombre, la Humanidad a la que se autoproclama "civilizada" inventó el tiempo con "T" de TONTERÍA.

Adiós Dios

Dios, sin duda alguna las cuatro letras que más problemas les ha creado a su propio inventor: el Ser humano.

Ciertamente el propio ser humano se ha autoconvencido de que todo es científicamente razonable y racionalmente explicable de tal forma que ha constituido todo el universo a su imagen y semejanza. Desde las cosas más simples como es la propia convivencia de uno con un pseudo sí mismo irreal que a la postre conlleva todo tipo de crisis por desarreglos de orden moral y psicológico, hasta las cosas más abstractas como es el cosmos la humanidad en general o el propio tiempo del que también no cabe la menor duda es un invento humano ya que si la humanidad desapareciera la vida seguiría y nadie se preocuparía de que viene antes o después de lo que hay arriba abajo o grande ni pequeño, así pues el tiempo también fue un invento que nos creamos para intentar controlar de algún modo el mundo. Por ello hablar de viajes interestelares cuando las estrellas están ahí y nadie se preocupa de su distancia sino, el ser humano, en distancia humana que duda cabe la distancia es enorme mas… en estado puro la distancia es la menor de las preocupaciones.

¿Y qué falta más abstracto que el tiempo y sin embargo más grandioso? Ciertamente el hombre siempre necesita algo que sea por encima que lo domine y controle. Algo que haya estado siempre y que sin embargo no depende del propio tiempo tan mundo y humano por otro lado… Ese es Dios. Hablamos de un Dios todo poderoso pero humanizado que duda cabe, un Dios donde tiene quizás el único defecto también que identifica a Éste con nosotros mismos que tanto como ama puede odiar. un Dios que castiga que tiene amigos y enemigos, en definitiva, como me dijo un día un niño. Dios es un abuelito que está sentado en una nube mirándonos a todos.

Ciertamente esa es una idea que tal vez hoy ha cambiado algo y se ha vuelto más flexible, pero sin duda hay que recordar que el cristianismo parte de una cultura judaica donde hay un dios "antropomorfizado" no tanto en su forma externa pero sí en su forma más activa en su "modus operandi"; Es ése el Dios que Nietzche afirmó, acertadamente, que había matado y bendita la hora porque al fin descubrimos que en definitiva todo es un estupendo intento por controlar al hombre, al mundo, y por que no, al Universo con mayúsculas. Lamentablemente para algunos esta creencia la tienen algunos gobernantes que al propio tiempo tienen altas dosis de mando y con ello me temo que no vamos por buen camino.

Por todo ello cabría volver a preguntarse si no estaremos otra vez en el siglo XV, en pleno renacimiento donde aquellos buenos hombres decían que el hombre era el centro de universo y a los que hoy vemos y les llamamos "ilusos" sin darnos cuenta que en definitiva seguimos siendo unos antropocentristas natos incluso unos antropoteocentristas, esto es, aquellos que se creen que un Dios en forma de hombre es el regido de toda la realidad del universo. Como diría "fede" Adiós a ese Dios porque ya no me lo trago ni un minuto más. No soy mejor que nadie, pero sé, sencillamente que "solo sé que no sé nada" y ese es un buen comienzo para una nueva vida... feliz travesía.

El que siembre vientos...

Hubo un tiempo, - hace aproximadamente medio milenio – en el que España encontró al otro lado de ese charco al que llamamos océano, un desagüe por el que evacuar toda la chusma, la morralla y en definitiva, ya en ese tiempo, de bajar la estadística de la criminología de este país, en perjuicio de aquellos a los que llamábamos "tierras de salvajes" o de una forma más eufemística "tierras vírgenes" sin considerar que era una violación de una Virgen con todo lo que ello implica... para las mentalidades católicos o cristianas cuando menos.

Aquellos vientos turbulentos de inquietudes y malas formas, en definitivas de quitarnos un problema real parcheándolo en otro sitio, hoy se nos ha convertido en tempestades de inmigración de tal modo que, aquellos que un día se fueron evolucionaron y descubierto el desarrollo "embarcáronse para España a la búsqueda de fortuna" y ahí está el problema, hoy son los mismos aceptemos que es el pago que tenemos que hacer por algo que nuestra Antepasados no hicieron del todo mal.

No digo, obviamente que toda la gente, digna siempre, que viene sea mala gente, pero sí en un gran número acaban siendo pasto de la prostitución, de la delincuencia organizada o del pillaje sin organizar... lamentable, pero tan real como la propia vida.

Soy Racista

En esta sociedad nos estamos acostumbrando a manifestar, libre y superficialmente, semejante afirmación: soy racista… ¿racista? Permítanme una reflexión sencilla pero contundente… ¿Tienen idea de lo que supone ser racista? Es decir, un racista es aquél que no acepta la diferencia entre las diferentes razas y considera la suya como predominante por encima de las demás, bien, pero ¿qué raza? Obviamente todos empezamos a ponerle colores –blanca, negra, amarilla – o ideologías, - cristianos, judíos, árabes…- ahora bien ¿no son todos ellos diferentes formas de una misma raza? A fin de cuenta Todos son de la raza "humana" y por tanto manifestar que no acepto al negro o al judío es de la misma esencia que manifestar públicamente que "no acepto ser humano" y entonces… ¿qué eres?

La raza humana, no olvidemos esto, va más allá de connotaciones sociales, étnicas o ideológica. Cuando un niño nace, recién nacido, todos son exactamente iguales y en esa situación no hay NADIE con corazón y un mínimo de esencia de amor a la vida y a la raza humana que desprecie a un bebé por su color o su situación social. Todos cuando miramos un bebé, vemos aquello que nosotros hemos olvidado, la clara luz de un ser en estado puro. La energía más divina y más hermosa sin mancha de ninguna clase ni condición, porque, sencillamente, un bebe, de la raza humana, ha venido a este mundo.

Es por eso que yo sí soy racista, pero un racista diferente, es decir si admito, y admitámoslo todos que mi raza es la más grande que puebla el planeta tierra, siempre que trabaje desde el corazón y no desde su ego y su racionalidad. Qué mi raza, es capaz de ser consciente del aquí y el ahora y que aquí y ahora es efímero y pasa rápido como una flecha… por eso hay que vivir el momento presente con intensidad y armonía con todo lo que nos rodea, para que esta raza mía no se pierda para siempre en la frialdad de un ego que nunca debió salir de la cabeza de cada uno...

Mi raza incluso, es conocedora de las limitaciones que otras razas, más inferiores, tienen y por ello debemos ser capaces desde el amor y no desde la codicia y el egocentrismo, de ayudar a todos los seres en beneficio de un estado mucho más pleno de paz luz y amor, porque si todos los seres son felices yo me siento mucho más feliz. Ayudemos a que el mundo siga girando y siga produciendo esa mágica música que día a día nos sorprende a todos y que le hemos dado en llamar vida.

Y... ¿qué raza es esa tan predominante y maravillosa, capaz de hacer tan grandes prodigios por encima de todas las demás razas y especies que pueblan este planeta? ¿Dónde podemos encontrar modelos para hacernos copias por todas partes que nos sirvan de modelos perfectos ideales como lo eran ideales para los helenos sus medidas de la perfección la estética y la belleza? ¿Hay acaso alguna raza en este planeta de semejantes características?, Ciertamente, la raza humana ¿Has visto algún ser más preparado más capacitado y más adelantado en este mundo aquí y ahora? Lo verás blanco, negro, rojizo o amarillo, pero todos son de la misma naturaleza original ¿o tú no eres humano? Pues no sabes lo que te pierdes amigo

Epílogo: Última idea

Después de habernos enfrentado durante muchos días a este texto o sucesión de textos, Cuando vas poco a poco debatiendo contra ti mismo y tus propios ideales lo que aquí se ha expuestos e incluso, cuando uno va poco a poco afianzándose en aquellos pensamientos que uno siempre tuvo descubre, al final de esta aventura de idealismo y conocimiento que ya no es aquél que fue cuando comenzó la aventura de "Tan sólo... ideas". Eso en definitiva es la idea principal, descubrir en última instancia que somos los que somos estando donde estamos y que siendo conscientes de esa realidad y sabiendo disfrutar de ella así como es por qué así lo hemos querido seremos mucho más íntegros y llegaremos a un estado más pleno de consciencia de la propia realidad de ser humano.

No se pretendió nunca, como se indicó en la nota previa, ser dogmático, ninguna idea se puede considerar taxativa ni irrefutable, son solo ideas, parámetros cerebrales unidimensionales y en consecuencia tan debatibles y refrendables como se quiera, con todas las interpretaciones imaginables que nos apetezca ya que, en definitiva, somos muchas más cosas que una sucesión de ideas y conocimiento... ¿o no?

Este autor tan solo se conforma con haber conseguido crear inquietud en tu ser y haber sido capaz de proporcionar una realidad distinta de esta vida tan cotidiana y que damos en llamar "rutina"; si eso lo hemos conseguido no hay más que hablar, el objetivo lo hemos conseguido, no yo, sino ustedes los lectores que han decidido aceptar el reto que yo les propuse un buen día.

Nuevamente Gracias